Los mecánicos

Laura K. Murray

CREATIVE EDUCATION • CREATIVE PAPERBACKS

semillas del saber

Publicado por Creative Education y Creative Paperbacks
P.O. Box 227, Mankato, Minnesota 56002
Creative Education y Creative Paperbacks son marcas
editoriales de The Creative Company
www.thecreativecompany.us

Diseño de Ellen Huber
Producción de Grant Gould
Dirección de arte de Rita Marshall
Traducción de TRAVOD, www.travod.com

Fotografías de Alamy (Antonio Guillem Fernandez),
iStockphoto (anilakkus, Valerii Apetroaiei, Goodluz, Krasyuk,
SaevichMikalai, EvgeniyShkolenko, Sjoerd van der Wal,
zgurdonmaz), Shutterstock (Steve Bower, Roman Chazov,
Aleksandar Grozdanovski, Antonio Guillem, J. Lekavicius,
kurhan, Memory Stockphoto, Monkey Business Images, New
Africa, Zdenek Rosenthaler, Syda Productions, Twinsterphoto)

Library of Congress Cataloging-in-Publication Data. Names:
Murray, Laura K., author. Title: Los mecánicos / Laura
K Murray. Other titles: Mechanics. Spanish. Description:
Mankato, Minnesota : Creative Education and Creative
Paperbacks, 2023. | Series: Semillas del saber | Includes
bibliographical references and index. | Audience: Ages 4-7 |
Audience: Grades K-1 | Summary: "Early readers will learn
about the work of mechanics. Full color images and carefully
leveled text highlight what mechanics do, where they work,
and how they help the community."-- Provided by publisher.
Identifiers: LCCN 2022007334 (print) | LCCN 2022007335
(ebook) | ISBN 9781640267084 (library binding) | ISBN
9781682772645 (paperback) | ISBN 9781640008496 (pdf).
Subjects: LCSH: Automobile mechanics--Juvenile literature. |
Automobiles--Maintenance and repair--Vocational guidance--
Juvenile literature. | Community life--Juvenile literature.
Classification: LCC HD8039.M34 M8718 2023 (print) | LCC
HD8039.M34 (ebook) | DDC 629.28/7--dc23/eng/20220215.
LC record available at https://lccn.loc.gov/2022007334.
LC ebook record available at https://lccn.loc.gov/2022007335.

TABLA DE CONTENIDO

¡Hola, mecánicos! **5**

Funcionamiento seguro **7**

Lugares de trabajar **8**

Todo tipo de vehículos **10**

Motores y partes **12**

Herramientas del mecánico **14**

¿Qué hacen los mecánicos? **16**

¡Gracias, mecánicos! **19**

Visualiza a un mecánico **20**

Palabras para saber **22**

Índice **24**

¡Hola, mecánicos!

Los mecánicos arreglan máquinas. Arreglan autos, camiones y más. Se aseguran de que los vehículos funcionen de manera segura.

Los mecánicos trabajan en un taller mecánico. Algunos forman parte de un equipo en boxes.

Reparan autos de carreras.

Los mecánicos reparan motocicletas. Reparan trenes y tractores.

Tambien reparan aviones y barcos.

Los mecánicos cuidan todas las partes de un auto. Revisan el motor.

Revisan las luces y los cinturones. Arreglan los frenos.

Los mecánicos usan muchas herramientas. Un elevador levanta el auto.

Así, pueden ver la parte de abajo.

Los mecánicos
cambian los
neumáticos.
Cambian el aceite.

Ayudan a que las personas conduzcan seguras.

¡Gracias, mecánicos!

Visualiza a un mecánico

llave de impacto

linterna

llave de cubo

motor

overoles

guante

neumático

Palabras para saber

equipo en boxes: equipos que reparan un auto durante una carrera

frenos: partes que desaceleran o detienen un auto

motor: máquina que da energía para que algo funcione

vehículos: cosas que desplazan gente u objetos

Índice

arreglar **7, 13**

autos de carreras **9**

herramientas **14**

motor **12**

neumáticos **16**

partes del auto **12, 13**

seguridad **7, 17**

taller mecánico **8**

vehículos **7, 9, 10, 11**